Snugglepot and Cuddlepie ABC

Published by Murray David Publishing
35 Borgnis Street, Davidson, New South Wales, 2085, Australia
Postal Address: P.O. Box 140, Belrose West, New South Wales, 2085, Australia
Phone: 61 2 9451 3895   Fax: 61 2 9451 3663
www.m2d.com.au
email: mail@m2d.com.au

Publishing Director: Marion Child
Marketing Director: David Jenkins
Executive Director: David Forsythe

in association with
Gary Allen Pty Ltd
9 Cooper Street, Smithfield, New South Wales, 2164, Australia
Telephone: 61 2 9725 2933   Fax: 61 2 9609 6155
email: customerservice@garyallen.com.au

Colouring of May Gibbs original illustrations by
Marion Child, Emma Sutton and Simone Coupland
Designed by Emma Sutton and Karen Stirling

First published 2008

Copyright © in coloured reproductions of original black and white
May Gibbs illustrations M2D MG Publishing Pty Ltd,
The Spastic Centre of New South Wales and The Northcott Society, 2007

Copyright © in original May Gibbs illustrations The Spastic Centre of
New South Wales and The Northcott Society, 2007

Copyright © in text other than May Gibbs text and adapted May Gibbs text
M2D MG Publishing Pty Ltd, 2007

Copyright © in layout M2D MG Publishing Pty Ltd, 2007

Copyright © M2D MG Publishing Pty Ltd, The Spastic Centre of New South Wales
and The Northcott Society, 2007

ISBN: 978-1-921-276-08-8

Printed in Indonesia

Part of the proceeds help to assist the work of
The Spastic Centre of New South Wales,
189 Allambie Road, Allambie Heights NSW 2100
www.thespasticcentre.com.au
and
The Northcott Society,
1 Fennell Street, North Parramatta NSW 2151
www.northcott.com.au

All rights reserved. No part of this publication may be reproduced, stored in a
retrieval system, or transmitted in any form or by any means, electronic, photocopying,
recording or otherwise without prior permission in writing from
Murray David Publishing.

Snugglepot and Cuddlepie ABC

Reproductions and adaptations of original Illustrations by

May Gibbs

MURRAY DAVID PUBLISHING
in association with
GARY ALLEN

Acrobats practice on spider string,
back and forth they sway and swing.

*B*ig bad banksia men
boss the blossoms and their friends.

Clever Cuddlepie has so much fun cooking cakes and a crusty bun.

*D*iving very deep into the pool
keeps the bush babies happy and cool.

*E*very day in the Australian bush kangaroos help babies get home with a WHOOSH!!

Ff

Frog and blossom in their favourite boat, together down the river they love to float.

Gumnut babies grin and giggle
making their green tree-house wiggle.

Happy gumnuts have such fun,
with helmets on, downhill they come.

Inside the gumnut where the baby lies
petals are soft, and lids keep away flies.

Jolly jumping gumnuts love to dive
into the cool green sea, it makes them thrive.

Kookaburra is a kind and helpful bird,
her happy laughing call is always heard.

Ll

Look at the bush babies on lizard's tail,
listening to his stories about the storms and hail.

Messages on tree bark always let us know about the things to see and do, and maybe where to go.

Nice gumnut babies nestle in the leaves,
keeping them warm, because they have no sleeves.

Over the branches the babies climb,
holding on tight all the time.

Painting pretty pictures is so much fun,
busy little gumnuts paint until it's done.

Quarrelling old banksia men
are quick to shout and count to ten.

Rr

Ragged Blossom rides her red dragon 'round,
looking for Cuddlepie until he is found.

*S*itting on the sand, surfing in the waves, swimming in the blue sea, happy summer days.

Tired little babies close their eyes and sleep,
they don't make a sound, not even a peep.

Up and over, under and through,
gumnut babies find lots to do.

Very, very happy are the babies today,
they can sing and dance around and play and play.

Winter is when the weather turns cold,
but wattle babies stay warm, in yellow and gold.

X-rays help the dentist keep babies' teeth strong, even when he's busy, they will not wait long.

Yellow blossom babies sway on young green stems,
they are so very precious, just like little gems.

Zz

Zooming, zooming up and down,
gumnuts race around the town.

Snugglepot and Cuddlepie 123

Reproductions and adaptations of original illustrations by

May Gibbs

MURRAY DAVID PUBLISHING
in association with
GARY ALLEN

One gumnut

2

Two gumnut artists

Three pretty mermaids

4

Four brown bilbys

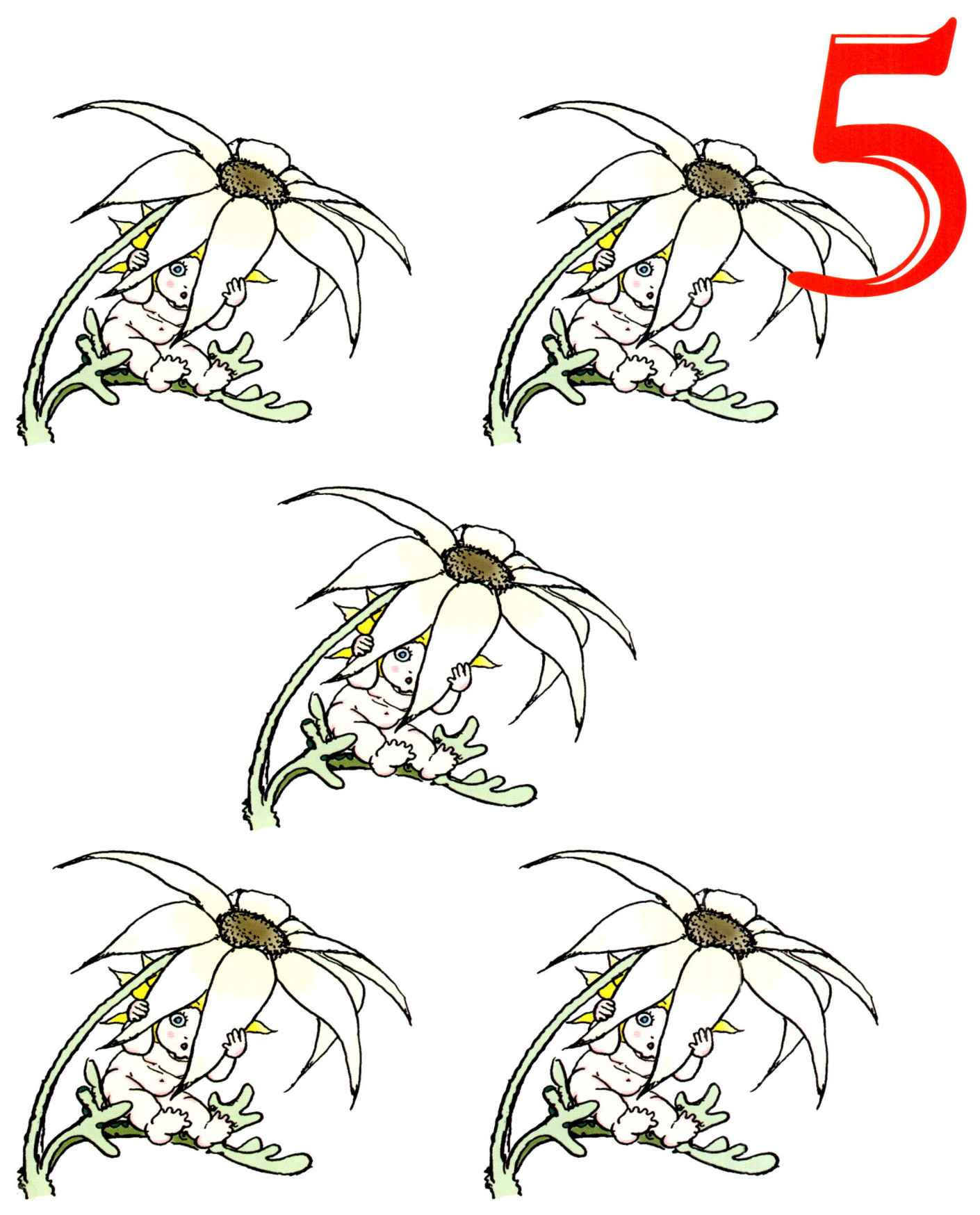

Five flannel flower babies

Six possums hanging

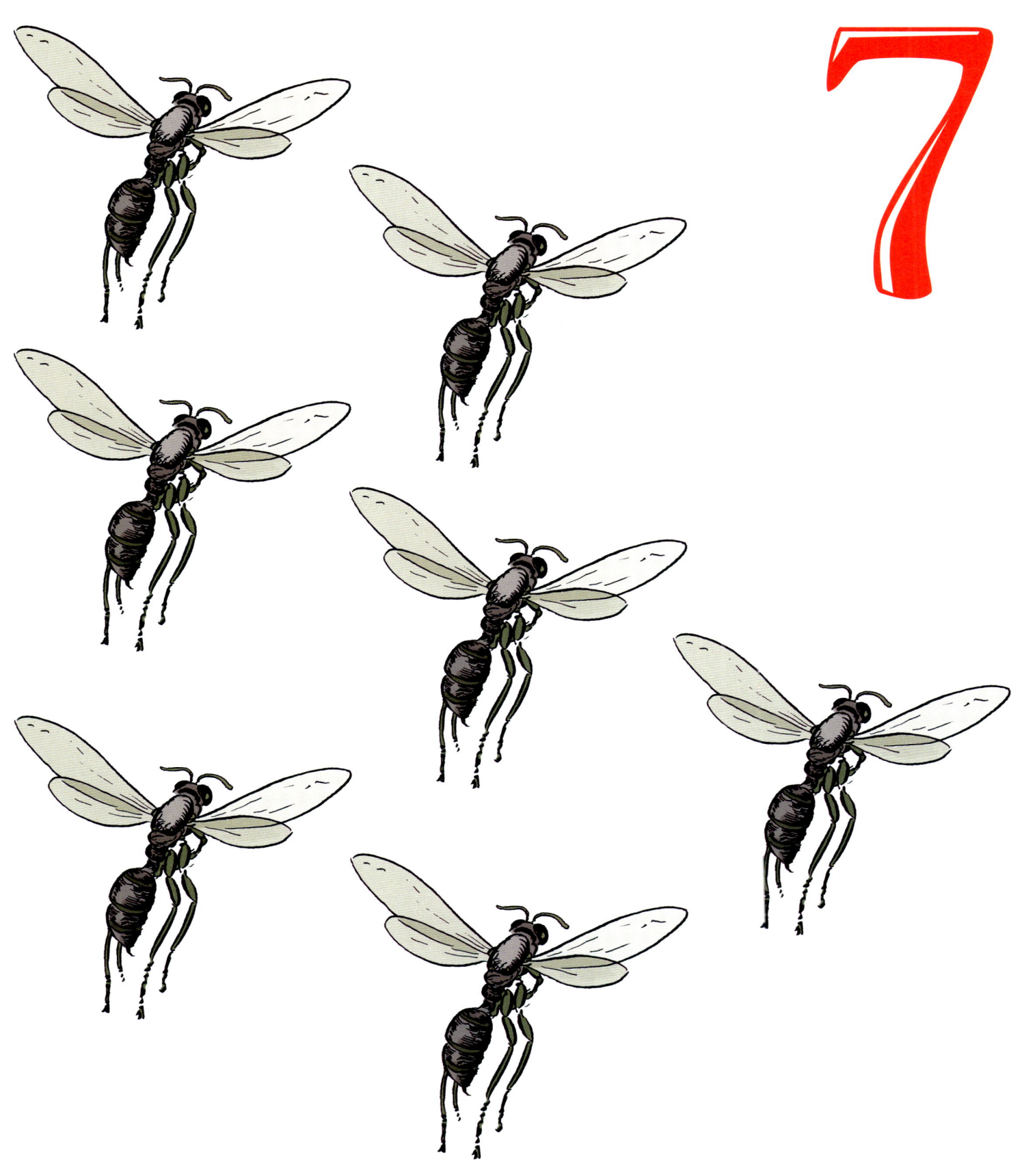

Seven wasps buzzing

Eight owls hooting

Nine beetles sweeping

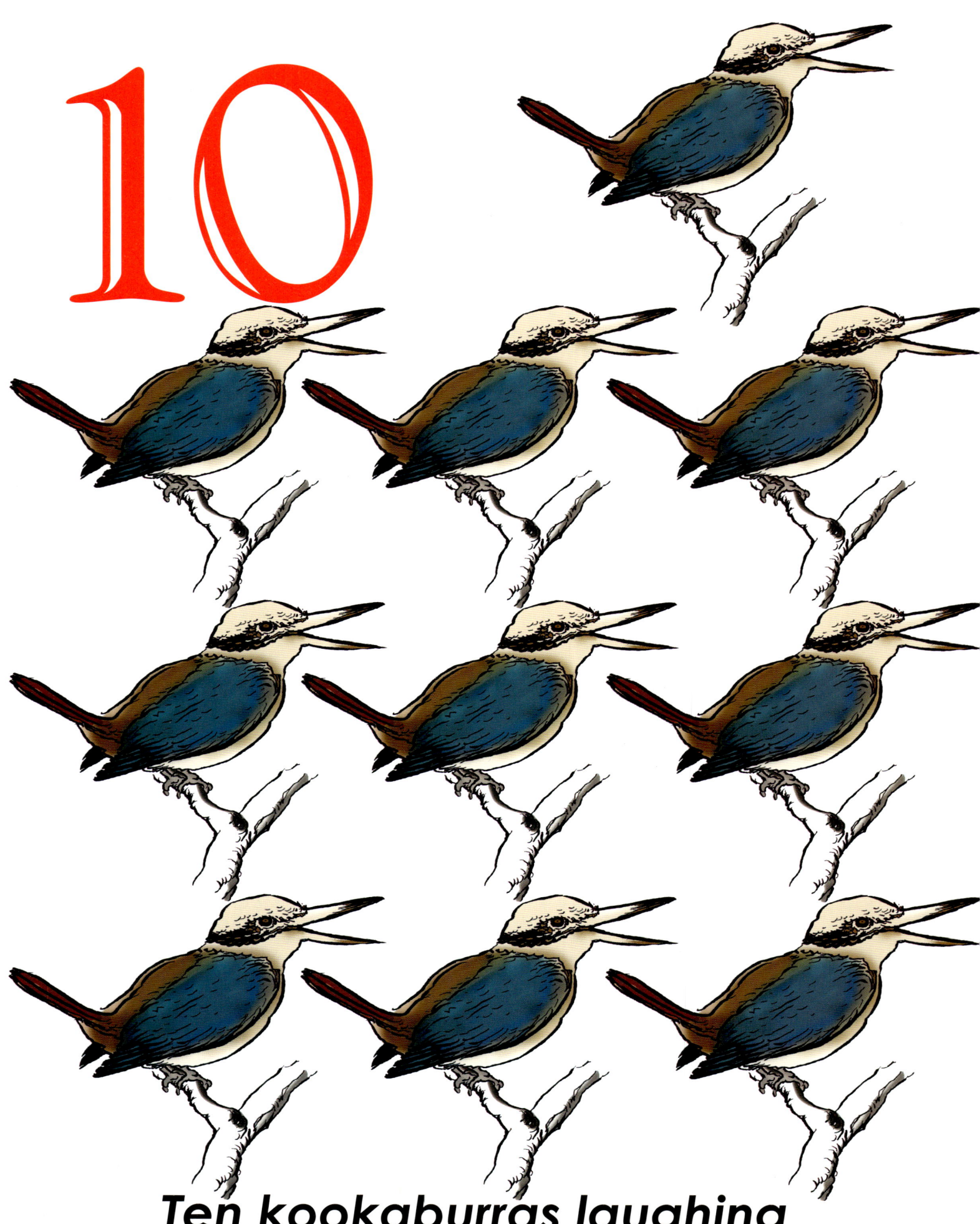

10

Ten kookaburras laughing

Eleven wattle babies painting

Twelve seahorses swimming

Thirteen Christmas bell babies

Fourteen boronia babies napping

Fifteen bad banksia men

16

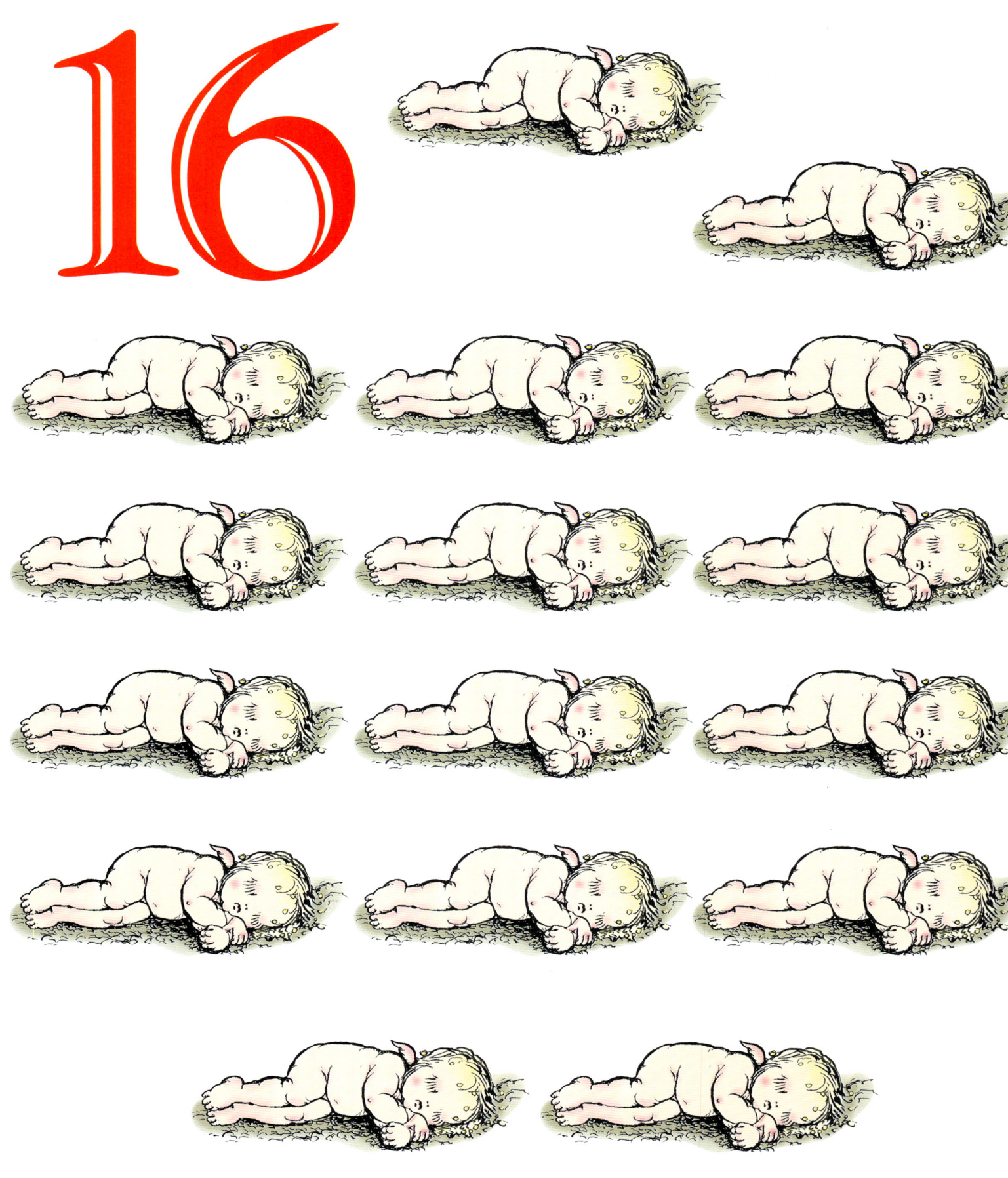

Sixteen Snugglepots sleeping

Seventeen babies on leaves

18

Eighteen lounging lizards

Nineteen mermaid mummies and babies

20

Twenty assassin bugs

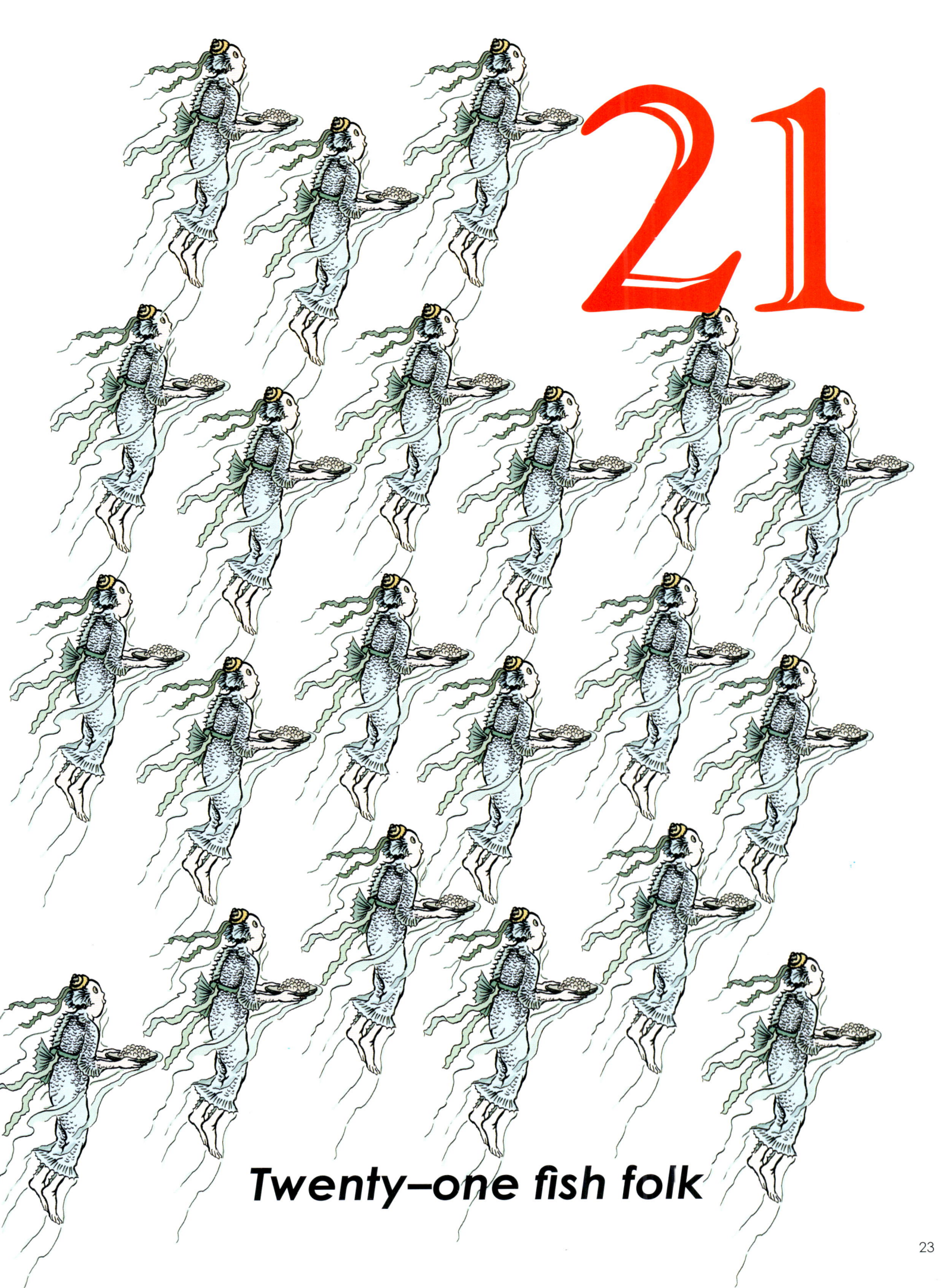

Twenty–one fish folk

22

Twenty-two Cuddlepies

Twenty–three gumnut babies

24
Twenty-four pretty wrens

Twenty-five mushroom babies

26

Twenty–six kangaroos sleeping

Twenty–seven ants crawling

28

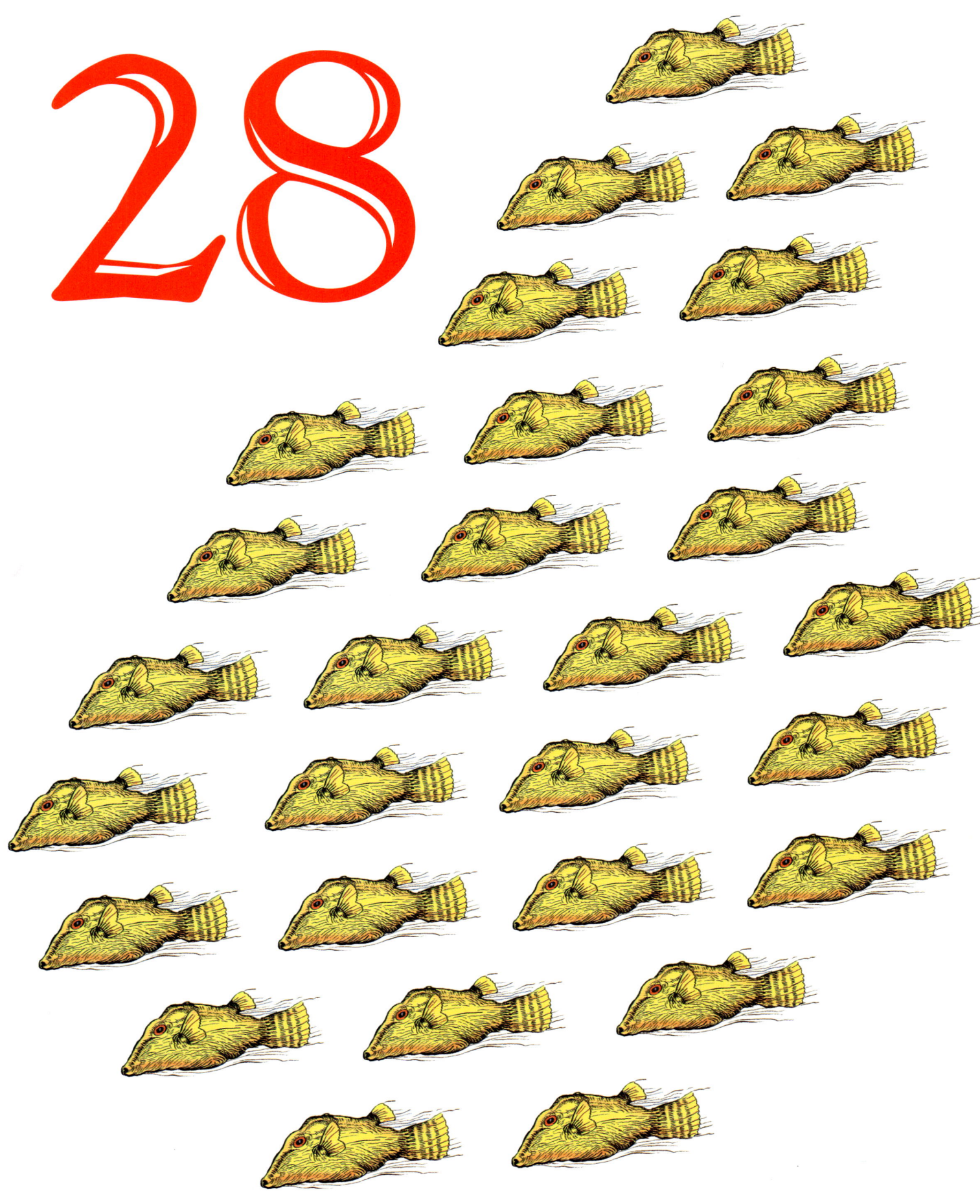

Twenty-eight fish swimming

Twenty-nine green frogs

30

Thirty colourful butterflies

May Gibbs

TIMES TABLES

1 Times Table

0 x 1 = 0
1 x 1 = 1
2 x 1 = 2
3 x 1 = 3
4 x 1 = 4
5 x 1 = 5
6 x 1 = 6
7 x 1 = 7
8 x 1 = 8
9 x 1 = 9
10 x 1 = 10
11 x 1 = 11
12 x 1 = 12

2 Times Table

0 x 2 = 0
1 x 2 = 2
2 x 2 = 4
3 x 2 = 6
4 x 2 = 8
5 x 2 = 10
6 x 2 = 12
7 x 2 = 14
8 x 2 = 16
9 x 2 = 18
10 x 2 = 20
11 x 2 = 22
12 x 2 = 24

3 Times Table

0 x 3 = 0
1 x 3 = 3
2 x 3 = 6
3 x 3 = 9
4 x 3 = 12
5 x 3 = 15
6 x 3 = 18
7 x 3 = 21
8 x 3 = 24
9 x 3 = 27
10 x 3 = 30
11 x 3 = 33
12 x 3 = 36

4 Times Table

0 x 4 = 0
1 x 4 = 4
2 x 4 = 8
3 x 4 = 12
4 x 4 = 16
5 x 4 = 20
6 x 4 = 24
7 x 4 = 28
8 x 4 = 32
9 x 4 = 36
10 x 4 = 40
11 x 4 = 44
12 x 4 = 48

5 Times Table

0 x 5 = 0
1 x 5 = 5
2 x 5 = 10
3 x 5 = 15
4 x 5 = 20
5 x 5 = 25
6 x 5 = 30
7 x 5 = 35
8 x 5 = 40
9 x 5 = 45
10 x 5 = 50
11 x 5 = 55
12 x 5 = 60

6 Times Table

0 x 6 = 0
1 x 6 = 6
2 x 6 = 12
3 x 6 = 18
4 x 6 = 24
5 x 6 = 30
6 x 6 = 36
7 x 6 = 42
8 x 6 = 48
9 x 6 = 54
10 x 6 = 60
11 x 6 = 66
12 x 6 = 72

7 Times Table

0 x 7 = 0
1 x 7 = 7
2 x 7 = 14
3 x 7 = 21
4 x 7 = 28
5 x 7 = 35
6 x 7 = 42
7 x 7 = 49
8 x 7 = 56
9 x 7 = 63
10 x 7 = 70
11 x 7 = 77
12 x 7 = 84

8 Times Table

0 x 8 = 0
1 x 8 = 8
2 x 8 = 16
3 x 8 = 24
4 x 8 = 32
5 x 8 = 40
6 x 8 = 48
7 x 8 = 56
8 x 8 = 64
9 x 8 = 72
10 x 8 = 80
11 x 8 = 88
12 x 8 = 96

9 Times Table

0 x 9 = 0
1 x 9 = 9
2 x 9 = 18
3 x 9 = 27
4 x 9 = 36
5 x 9 = 45
6 x 9 = 54
7 x 9 = 63
8 x 9 = 72
9 x 9 = 81
10 x 9 = 90
11 x 9 = 99
12 x 9 = 108

10 Times Table

0 x 10 = 0
1 x 10 = 10
2 x 10 = 20
3 x 10 = 30
4 x 10 = 40
5 x 10 = 50
6 x 10 = 60
7 x 10 = 70
8 x 10 = 80
9 x 10 = 90
10 x 10 = 100
11 x 10 = 110
12 x 10 = 120

11 Times Table

0 x 11 = 0
1 x 11 = 11
2 x 11 = 22
3 x 11 = 33
4 x 11 = 44
5 x 11 = 55
6 x 11 = 66
7 x 11 = 77
8 x 11 = 88
9 x 11 = 99
10 x 11 = 110
11 x 11 = 121
12 x 11 = 132

12 Times Table

0 x 12 = 0
1 x 12 = 12
2 x 12 = 24
3 x 12 = 36
4 x 12 = 48
5 x 12 = 60
6 x 12 = 72
7 x 12 = 84
8 x 12 = 96
9 x 12 = 108
10 x 12 = 120
11 x 12 = 132
12 x 12 = 144

May Gibbs

MURRAY DAVID PUBLISHING
in association with
GARY ALLEN

1 Times Table

0 x 1 = 0
1 x 1 = 1
2 x 1 = 2
3 x 1 = 3
4 x 1 = 4
5 x 1 = 5
6 x 1 = 6
7 x 1 = 7
8 x 1 = 8
9 x 1 = 9
10 x 1 = 10
11 x 1 = 11
12 x 1 = 12

7 x 2 = 14

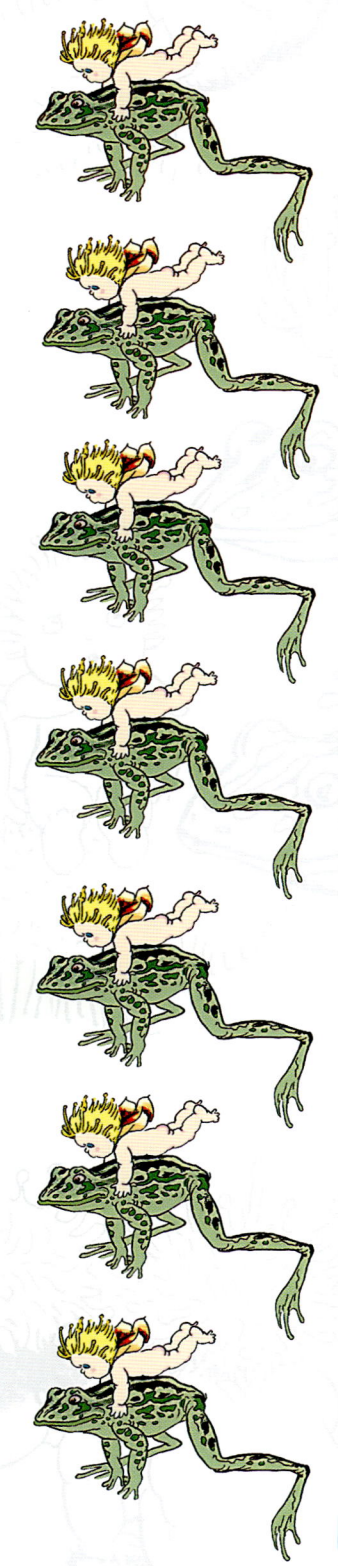

2 Times Table

0 x 2 = 0
1 x 2 = 2
2 x 2 = 4
3 x 2 = 6
4 x 2 = 8
5 x 2 = 10
6 x 2 = 12
7 x 2 = 14
8 x 2 = 16
9 x 2 = 18
10 x 2 = 20
11 x 2 = 22
12 x 2 = 24

3 Times Table

0 x 3 = 0
1 x 3 = 3
2 x 3 = 6
3 x 3 = 9
4 x 3 = 12
5 x 3 = 15
6 x 3 = 18
7 x 3 = 21
8 x 3 = 24
9 x 3 = 27
10 x 3 = 30
11 x 3 = 33
12 x 3 = 36

2 x 4 = 8

4 Times Table

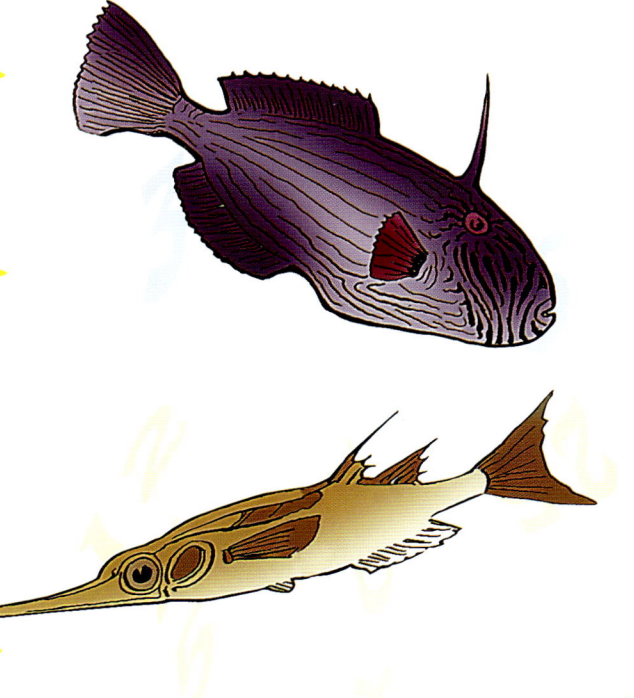

0 x 4 = 0
1 x 4 = 4
2 x 4 = 8
3 x 4 = 12
4 x 4 = 16
5 x 4 = 20
6 x 4 = 24
7 x 4 = 28
8 x 4 = 32
9 x 4 = 36
10 x 4 = 40
11 x 4 = 44
12 x 4 = 48

5 Times Table

0 x 5 = 0
1 x 5 = 5
2 x 5 = 10
3 x 5 = 15
4 x 5 = 20
5 x 5 = 25
6 x 5 = 30
7 x 5 = 35
8 x 5 = 40
9 x 5 = 45
10 x 5 = 50
11 x 5 = 55
12 x 5 = 60

5 x 5 = 25

1 x 6 = 6

6 Times Table

0 x 6 = 0
1 x 6 = 6
2 x 6 = 12
3 x 6 = 18
4 x 6 = 24
5 x 6 = 30
6 x 6 = 36
7 x 6 = 42
8 x 6 = 48
9 x 6 = 54
10 x 6 = 60
11 x 6 = 66
12 x 6 = 72

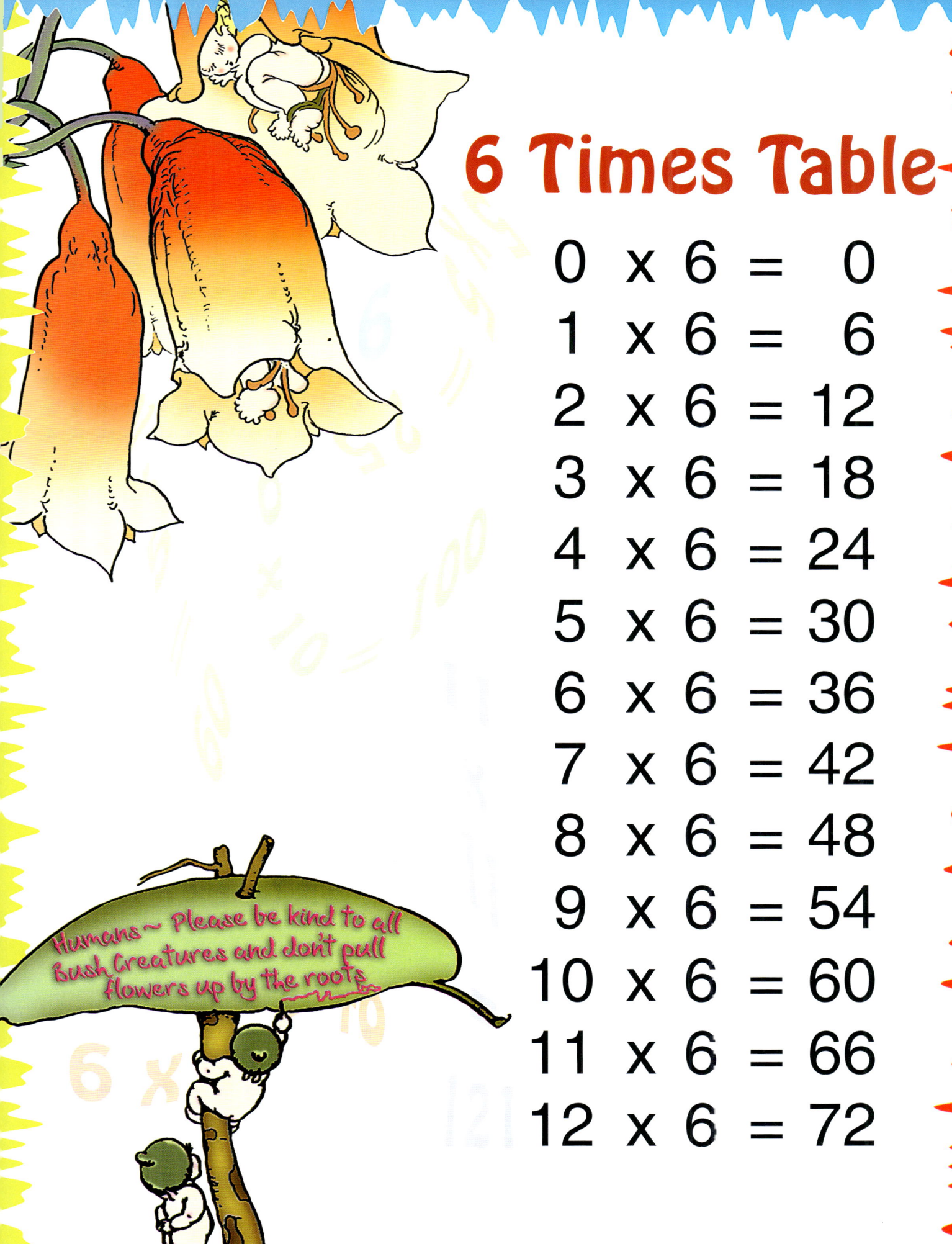

Humans ~ Please be kind to all Bush Creatures and don't pull flowers up by the roots

7 Times Table

0 x 7 = 0
1 x 7 = 7
2 x 7 = 14
3 x 7 = 21
4 x 7 = 28
5 x 7 = 35
6 x 7 = 42
7 x 7 = 49
8 x 7 = 56
9 x 7 = 63
10 x 7 = 70
11 x 7 = 77
12 x 7 = 84

5 x 7 = 35

8 Times Table

0 x 8 = 0
1 x 8 = 8
2 x 8 = 16
3 x 8 = 24
4 x 8 = 32
5 x 8 = 40
6 x 8 = 48
7 x 8 = 56
8 x 8 = 64
9 x 8 = 72
10 x 8 = 80
11 x 8 = 88
12 x 8 = 96

9 Times Table

0 x 9 = 0
1 x 9 = 9
2 x 9 = 18
3 x 9 = 27
4 x 9 = 36
5 x 9 = 45
6 x 9 = 54
7 x 9 = 63
8 x 9 = 72
9 x 9 = 81
10 x 9 = 90
11 x 9 = 99
12 x 9 = 108

4 x 9 = 36

5 x 10 = 50

10 Times Table

0 x 10 =   0
1 x 10 = 10
2 x 10 = 20
3 x 10 = 30
4 x 10 = 40
5 x 10 = 50
6 x 10 = 60
7 x 10 = 70
8 x 10 = 80
9 x 10 = 90
10 x 10 = 100
11 x 10 = 110
12 x 10 = 120

11 Times Table

0	x 11 =	0
1	x 11 =	11
2	x 11 =	22
3	x 11 =	33
4	x 11 =	44
5	x 11 =	55
6	x 11 =	66
7	x 11 =	77
8	x 11 =	88
9	x 11 =	99
10	x 11 =	110
11	x 11 =	121
12	x 11 =	132

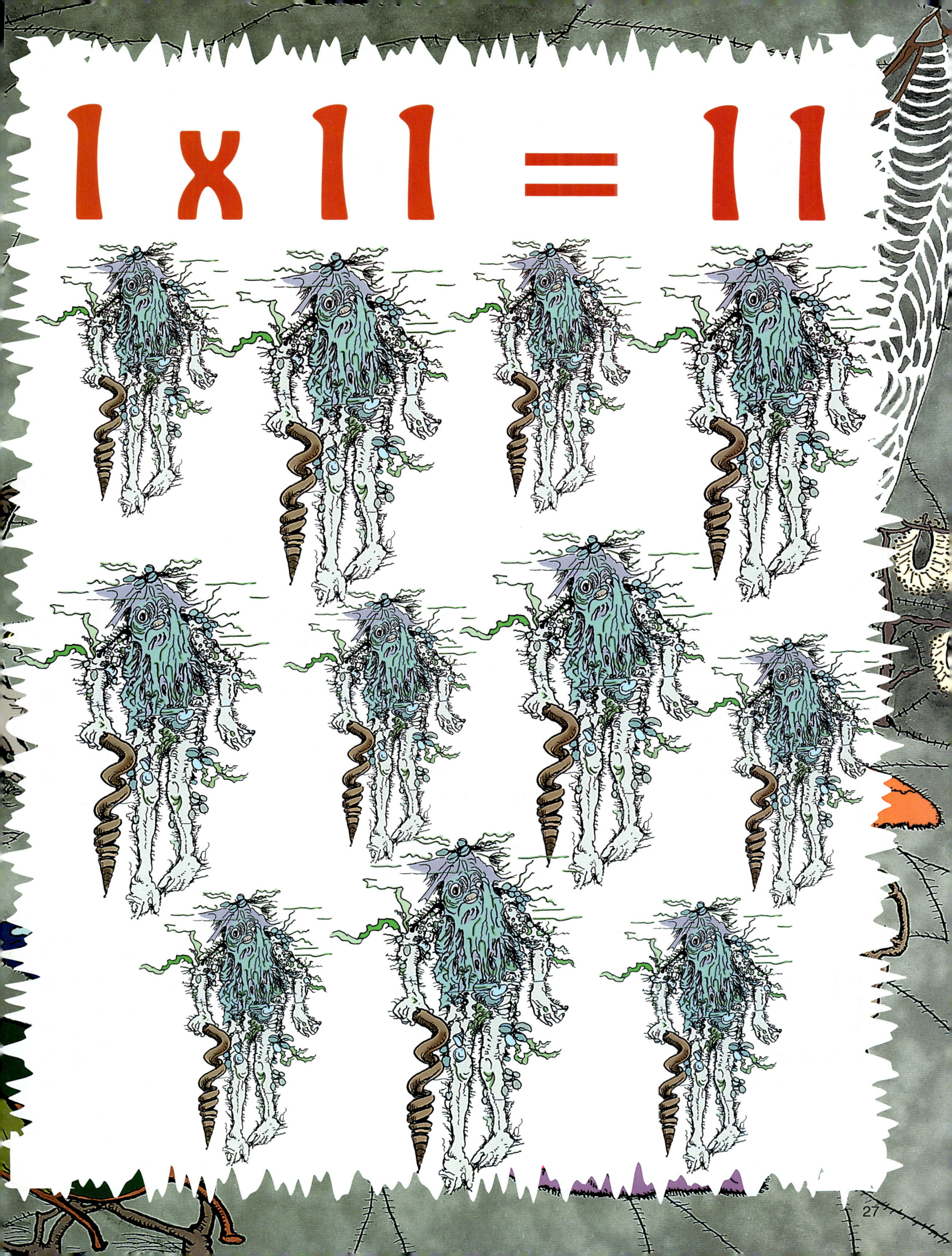

12 Times Table

0 x 12 =   0
1 x 12 =   12
2 x 12 =   24
3 x 12 =   36
4 x 12 =   48
5 x 12 =   60
6 x 12 =   72
7 x 12 =   84
8 x 12 =   96
9 x 12 = 108
10 x 12 = 120
11 x 12 = 132
12 x 12 = 144

1 Times Table

0 x 1 = 0
1 x 1 = 1
2 x 1 = 2
3 x 1 = 3
4 x 1 = 4
5 x 1 = 5
6 x 1 = 6
7 x 1 = 7
8 x 1 = 8
9 x 1 = 9
10 x 1 = 10
11 x 1 = 11
12 x 1 = 12

2 Times Table

0 x 2 = 0
1 x 2 = 2
2 x 2 = 4
3 x 2 = 6
4 x 2 = 8
5 x 2 = 10
6 x 2 = 12
7 x 2 = 14
8 x 2 = 16
9 x 2 = 18
10 x 2 = 20
11 x 2 = 22
12 x 2 = 24

3 Times Table

0 x 3 = 0
1 x 3 = 3
2 x 3 = 6
3 x 3 = 9
4 x 3 = 12
5 x 3 = 15
6 x 3 = 18
7 x 3 = 21
8 x 3 = 24
9 x 3 = 27
10 x 3 = 30
11 x 3 = 33
12 x 3 = 36

4 Times Table

0 x 4 = 0
1 x 4 = 4
2 x 4 = 8
3 x 4 = 12
4 x 4 = 16
5 x 4 = 20
6 x 4 = 24
7 x 4 = 28
8 x 4 = 32
9 x 4 = 36
10 x 4 = 40
11 x 4 = 44
12 x 4 = 48

5 Times Table

0 x 5 = 0
1 x 5 = 5
2 x 5 = 10
3 x 5 = 15
4 x 5 = 20
5 x 5 = 25
6 x 5 = 30
7 x 5 = 35
8 x 5 = 40
9 x 5 = 45
10 x 5 = 50
11 x 5 = 55
12 x 5 = 60

6 Times Table

0 x 6 = 0
1 x 6 = 6
2 x 6 = 12
3 x 6 = 18
4 x 6 = 24
5 x 6 = 30
6 x 6 = 36
7 x 6 = 42
8 x 6 = 48
9 x 6 = 54
10 x 6 = 60
11 x 6 = 66
12 x 6 = 72

7 Times Table	**8 Times Table**	**9 Times Table**
0 x 7 = 0	0 x 8 = 0	0 x 9 = 0
1 x 7 = 7	1 x 8 = 8	1 x 9 = 9
2 x 7 = 14	2 x 8 = 16	2 x 9 = 18
3 x 7 = 21	3 x 8 = 24	3 x 9 = 27
4 x 7 = 28	4 x 8 = 32	4 x 9 = 36
5 x 7 = 35	5 x 8 = 40	5 x 9 = 45
6 x 7 = 42	6 x 8 = 48	6 x 9 = 54
7 x 7 = 49	7 x 8 = 56	7 x 9 = 63
8 x 7 = 56	8 x 8 = 64	8 x 9 = 72
9 x 7 = 63	9 x 8 = 72	9 x 9 = 81
10 x 7 = 70	10 x 8 = 80	10 x 9 = 90
11 x 7 = 77	11 x 8 = 88	11 x 9 = 99
12 x 7 = 84	12 x 8 = 96	12 x 9 = 108

10 Times Table	**11 Times Table**	**12 Times Table**
0 x 10 = 0	0 x 11 = 0	0 x 12 = 0
1 x 10 = 10	1 x 11 = 11	1 x 12 = 12
2 x 10 = 20	2 x 11 = 22	2 x 12 = 24
3 x 10 = 30	3 x 11 = 33	3 x 12 = 36
4 x 10 = 40	4 x 11 = 44	4 x 12 = 48
5 x 10 = 50	5 x 11 = 55	5 x 12 = 60
6 x 10 = 60	6 x 11 = 66	6 x 12 = 72
7 x 10 = 70	7 x 11 = 77	7 x 12 = 84
8 x 10 = 80	8 x 11 = 88	8 x 12 = 96
9 x 10 = 90	9 x 11 = 99	9 x 12 = 108
10 x 10 = 100	10 x 11 = 110	10 x 12 = 120
11 x 10 = 110	11 x 11 = 121	11 x 12 = 132
12 x 10 = 120	12 x 11 = 132	12 x 12 = 144